AF361135

Vente des Lundi 3 et Mardi 4 Novembre 1873

SALLE Nº 3.

OBJETS D'ART

ET DE CURIOSITÉ

MEUBLES EN BOIS SCULPTÉ DES XVIe ET XVIIe SIÈCLES

SCULPTURES — ARMES — BIJOUX

FAIENCES — GRÈS — PORCELAINES — TAPISSERIES — ÉTOFFES

Gravures — Tableaux — Livres

*Appartenant à M. G*** de Mulhouse*

EXPOSITION PUBLIQUE : Le Dimanche 2 Novembre 1873

Mᵉ CHARLES PILLET, COMMISSAIRE-PRISEUR,
10, rue de la Grange-Batelière.

M. AUGUSTE AUBRY,
Expert-Libraire,
18, rue Séguier.

M. CHARLES MANNHEIM
Expert
7, rue Saint-Georges.

M. CLÉMENT, Marchand d'Estampes,
3, rue des Saints-Pères.

CATALOGUE

D'UNE NOMBREUSE RÉUNION

D'OBJETS D'ART

ET DE CURIOSITÉ

Meubles en bois sculpté des XVIe et XVIIe siècles, tels que :
Crédences, Bahuts, Lits, Armoires, Fauteuils, Chaises, etc.;
Sculptures en bois, en marbre tendre et en ivoire;
Faïences et Porcelaines diverses;
Bijoux; Armes; Grès de Flandres; Meubles Louis XV;
Glaces avec cadres en bois sculpté et doré; Tapisseries; Étoffes;

GRAVURES ENCADRÉES ET EN FEUILLES

TABLEAUX ANCIENS ET MODERNES

ENVIRON DOUZE CENTS VOLUMES RELIÉS ET BROCHÉS

*Provenant de chez M. G*** de Mulhouse*

ET DONT LA VENTE AURA LIEU

PAR SUITE DE CHANGEMENT DE RÉSIDENCE

HOTEL DROUOT, SALLE N° 3,

Les Lundi 3 et Mardi 4 Novembre 1873

A DEUX HEURES

Par le ministère de **Me CHARLES PILLET**, Commissaire-Priseur,
10, rue de la Grange-Batelière,

Assisté de **M. CHARLES MANNHEIM**, Expert, 7, rue Saint-Georges,

Ce **M. AUGUSTE AUBRY**, Expert-Libraire, 18, rue Séguier.

Et de **M. CLÉMENT**, marchand d'Estampes, 3, rue des Saints-Pères.

Chez lesquels se trouve le présent Catalogue.

EXPOSITION PUBLIQUE : Le Dimanche 2 Novembre 1873

De une heure à cinq heures.

CONDITIONS DE LA VENTE

Elle sera faite au comptant.

Les adjudicataires payeront *cinq pour cent*, en sus des enchères.

L'exposition mettant le public à même de se rendre compte de l'état des objets, il ne sera admis aucune réclamation une fois l'adjudication prononcée.

Nota. — Les livres seront vendus le Lundi 3 novembre au commencement de la vacation.

Paris. — Typ. PILLET fils aîné, rue des Gr.-Augustins, 5.

DÉSIGNATION DES OBJETS

MEUBLES

1 — Joli meuble en bois sculpté à deux corps; la partie supérieure, formant cabinet, ferme à deux portes décorées de têtes de chérubins et d'ornements reliés par un montant orné d'une belle cariatide et d'un mascaron. Travail flamand du xviie siècle.

2 — Petit lit en bois sculpté; le dossier et le devant sont décorés de mufles de lion, de cariatides et d'ornements.

3 — Grand meuble à deux corps en bois sculpté, à quatre portes et tiroirs et enrichi de colonnes torses.

4 — Grand meuble analogue à celui qui précède.

5 — Très-grande armoire fermant à deux portes, en bois sculpté à figures et ornements et garnie de colonnettes torses.

6 — Très-grande armoire analogue à celle qui précède.

7 — Meuble étagère et à fronton en bois sculpté.

8 — Grand lit en bois sculpté et à colonnes torses.

9 — Grande table carrée sur pieds tournés.

10 — Glace carrée avec cadre en bois sculpté et doré, composé de vases de fleurs et de cariatides d'enfants. xviii° siècle.

11 — Pendule Louis XIV en marqueterie de cuivre et écaille garnie de bronzes. Elle est accompagnée de son socle-support.

12 — Pendule avec socle en bois noir du temps de Louis XV, garnie d'ornements rocaille en bronze.

13 — Pendule Louis XV avec socle en bois peint à fleurs sur fond rosé et garnie de bronze.

14 — Grand fauteuil pliant en bois sculpté, couvert en soie chenillée sur fond blanc.

15 — Petite table sur pieds tournés et à entre-jambes à X.

16 — Commode Louis XV en racine de buis garnie d'ornements rocaille en bronze.

17 — Très-petite commode de même style.

18 — Un fauteuil et trois chaises à dossiers sculptés à ornements et fruits et couvert en cuir gaufré.

19 — Fauteuil en bois de chêne sculpté à têtes de lion, mascarons et ornements. Il est couvert en velours vert.

20-22 — Huit chaises à dossiers élevés des époques Louis XIII et Louis XIV, couvertes d'étoffes variées. Ce lot sera divisé.

23 — Deux escabeaux à dossiers en bois sculpté.

24 — Petit miroir carré avec cadre en bois noir à moulures guillochées.

TAPISSERIES & ÉTOFFES

25 — Tapisserie de Flandre à figures dans un paysage et bordure de fleurs et de fruits ornée de figures d'Amours.

26 — Couvre-lit en étoffe de soie verte brochée à fleurs et ornements. Époque Louis XV.

27 — Deux rideaux en étoffe de soie blanche à fleurs peintes. Époque Louis XV.

OBJETS VARIÉS

28 — Deux jolis petits bustes en marbre tendre signés Rosset. Henri IV et Sully. Sur fûts de colonnes en bois et marbre tendre.

29 — Montre en cuivre émaillé du temps de Louis XIV à figures et paysages, signée André.

30 — Christ en bronze sur croix de même matière offrant à sa partie inférieure un écusson et une tête de mort.

31 — Figure de Minerve debout en bois sculpté et peint à l'imitation du bronze.

32 — Coffre rectangulaire garni d'appliques en cuivre repoussé à fleurs et fruits et bardé de fer. Époque Louis XIII.

33 — Ecritoire-briquet en fer.

34 — Cinq bas-reliefs en marbre tendre par Fritschi : le Christ et la Samaritaine, l'Apothéose du Christ, etc.

35 — Petit coffret en fer gravé à l'eau-forte. Travail allemand du xvie siècle.

36 — Flambeau en fer à enroulements.

37 — Petit cartel en marqueterie d'écaille et cuivre garni d'ornements en bronze.

38 — Deux flambeaux du temps de Louis XIV en cuivre gravé.

39 — Divers plats et hanaps en cuivre.

40 — Deux petits tableaux brodés en soies, représentant des paysages.

FAIENCES

41 à 70 — Quantité de plats, assiettes, soupières, cruches, etc., des diverses fabriques françaises, allemandes et hollandaises.

GRÈS DE FLANDRES

71 à 80 — Cruches et brocs en grès de Flandres.

ARMES

81 à 85 — Armes diverses des xvi°, xvii° et xviii° siècles, telles que : épées, sabres, hallebardes, etc.

PORCELAINES

85 à 100 — Quantité de pièces variées de formes, en ancienne porcelaine de Chine ou du Japon.

TABLEAUX

101 à 150 — Environ cent tableaux et miniatures des diverses Écoles.

GRAVURES

150 à 180 — Quantité de gravures encadrées et autres.

LIVRES

181 — ABRANTÈS (Mémoires de madame la duchesse d'). *Paris, Mame*, 1835. 12 vol. in-8, d.-rel.

182 — ALBUM de vues des villes de France et de l'étranger. 31 *planches*. — L'Hippodrome au coin du feu; lithographies par V. Adam. Ens. 2 vol. in-fol., d.-rel.

183 — ALSACE (Vues pittoresques de l'), dessinées par Rothmuller. *Colmar, s. d.*, in-4, d.-rel. *Planches lithogr.*

184 — AMBERT. Esquisses historiques des différents corps qui composent l'armée française. *Paris, Degouy, s. d.,* in-fol., mar. rou. *Planches coloriées.*

185 — ARAGO. Voyage autour du monde. *Paris,* 1839, 7 vol. in-8, d.-rel. *Nombr. figures.*

186 — ART POUR TOUS (l'). Encyclopédie de l'art industriel et décoratif. *Paris, Morel,* 1861-69, 8 vol. in-fol., cart., n. rog. *Planches.*

187 — ARTS SOMPTUAIRES (les) du vᵉ au xviiᵉ siècle, par Ferd. Seré. *Paris,* 1853, 3 vol. in-4, en feuilles, dans des cartons. *Planches chromolithographiées.*

188 — BIBLE (sainte), contenant l'Ancien et le Nouveau Testament, trad. en françois par Le Maistre de Saci. *Paris, Defer de Maisonneuve,* 1789, 7 vol. in-8 en feuilles (tomes I-VII). *Vignettes de Marillier.*

189 — BIBLIA. Das ist : Die ganke Heilige Schrift durch Martin Luther verteutscht. *Basel,* 1665, in-fol. rel. en bois, recouverte de peau de truie gauf., fermoirs. *(Mouillé.)*

190 — BIBLIA. *Zurich,* 1571, in-fol. goth. v., fermoirs, coins et bordures en cuivre. *Curieuse reliure ancienne.*

Bible en allemand, ornée de nombr. gravures en bois.

191 — Boccaccio (G.). Decamerone, corretto da V. Martinelli. *Londra*, 1762, in-4, v. marb.

192 — Bouillet. Dictionnaire d'histoire et de géographie, 1861. — Dictionnaire des sciences, des lettres et des arts, 1857. 2 vol. gr. in-8, d.-rel.

193 — Buffon. Œuvres complètes, 6 vol. — Compléments, par Lesson, 3 vol. — Histoire naturelle de Lacépède, 2 vol. *Paris, Desrez, Furne*, 1838. 11 vol. gr. in-8, d.-rel. *Planches coloriées.*

194 — Catulli, Tibulli et Propertii opera omnia. *Lutetiæ.* 1604, in-fol. rel. anc. en peau de truie, gauf., fermoirs.

195 — Collin de Plancy. Dictionnaire infernal. *Paris*, 1825, 3 vol. in-8 et atlas, d.-rel.

196 — Comines (Ph. de). Mémoires de 1464 à 1498, augm. par D. Godefroy. *Paris, imp. Roy.*, 1649, in-fol., v.

197 — David. Les Antiquités d'Herculanum avec leurs explications en françois; par S. Maréchal. *Paris*, 1780-1789, 8 vol. in-4, v. porph., fil., tr. dor. *Planches.*

198 — Demidoff. Voyage dans la Russie méridionale et la Crimée. *Paris, Bourdin*, 1840, gr. in-8, d.-rel. *Vignettes de Raffet.*

199 — DESCRIPTION DE L'ÉGYPTE. Recueil des observations et des recherches qui ont été faites pendant l'expédition de l'armée française, publié par Panckouke. *Paris*, 1820, 24 vol. in-8 br., et 206 livraisons de planches, plus 2 portefeuilles in-fol. max.

Exemplaire en parfait état.

200 — DICTIONNAIRE DES ARRÊTS, ou Jurisprudence universelle du Parlement de France; par Brillon. *Paris*, 1727, 6 vol. in-fol., v. fau. *Armoiries*.

201 — DULAURE. Histoire de Paris. — Histoire des environs de Paris. — Histoire de la Révolution française. *Paris*, *Furne*, 1838, 22 vol. in-8 et atlas in-4, d.-rel. *Fig*.

202 — ENNERY et HIRTH. Dictionnaire général de géographie. *Strasbourg*, 1840, 4 vol. gr. in-8, d.-rel.

203 — GAVARNI. Œuvres choisies. *Paris*, *Hetzel*, 1846, 2 vol. gr. in-8, br.

204 — GAZETTE DES BEAUX-ARTS. Courrier européen de l'art et de la curiosité. *Paris*, 1859-1872, en 26 vol. gr. in-8, d.-rel., v. bl. *Planches*.

205 — GOLDSMITH. Histoire d'Angleterre, cont. par Coote. *Paris*, 1837, 4 vol. gr. in-8, d.-rel. v. rose. *Figures*.

206 — GUIDE pittoresque du voyageur en France. *Paris,
F. Didot*, 1838, 6 vol. in-8, d.-rel. *Cartes et fig.*

207 — HORATII Flacci opera cum quatuor commentariis.
Venundantur Parrhisiis, ab Ascensio, 1519. In-folio,
lettres rondes, cart.

208 — LIVRE D'HEURES. Pet. in-4.
Manuscrit du XVᵉ siècle, sur vélin, avec initiales et têtes de
chapitres en rouge et bleu.

209 — MARTIALIS Epigrammaton libri omnes, a Radero
explicati. *Ingolstadii*, 1602. In-fol., rel. du temps en
peau de truie gauf.

210 — MARTIN (H.). Histoire de France jusqu'en 1789.
Paris, Furne, 1858. 14 vol. in-8, br.

211 — MONTFAUCON (B. de). Les Monuments de la monar-
chie françoise. *Paris, Gandoin*, 1729-33. 5 vol. in-fol.,
v. marbr. *Planches. Bon exemplaire.*

212 — NAPOLÉON et ses contemporains. 1840. 4 vol. —
Mémoires sur la reine Hortense, par Mᵐᵉ Cochelet.
1836. 4 vol. — Histoire de Napoléon, par de Norvins.
1838. 4 vol. Ens. 12 vol. in-8, dem.-rel. v. *Fig.*

213 — NODIER, TAYLOR ET DE CAILLEUX. Voyages pittoresques et romantiques dans l'ancienne France. *Paris,
Imp. de P. Didot*, 1820. 2 vol. in-fol., dem.-rel. chag.
rou. *Planches sur chine.*
Ancienne Normandie.

214 — Paris au xixe siècle. Recueil de scènes de la vie parisienne, dessinées d'après nature par Gavarni, Daumier, V. Adam, Traviès, Cicéri, etc. In-4, bas. verte. *Lithographies.*

215 — Paris dans sa splendeur, monuments, vues, scènes historiques, descriptions et histoire. *Nantes, Charpentier*, 1861. 3 vol. in-fol. en feuilles dans des cartons. *Planches lithogr. et vignettes sur bois.*

216 — Rapin Thoyras. Histoire d'Angleterre. *Basle*, 1740. 4 vol. in-fol., dem.-rel. *Planches.*

217 — Révolution française. Tableaux historiques de la Révolution française *Paris*, 1817. 2 vol. in-fol., dem.-rel. chag. bl. 160 *planch. et portr.*

218 — Richelet. Dictionnaire de la langue françoise, ancienne et moderne. *Paris*, 1740. 3 vol. in-folio, dem.-rel.

219 — Romans, en premières éditions, par Fr. Soulié, Sandeau, A. de Vigny, Perrin, Marryat, Jal, Ch. Rabou, Ch. de Bernard, bibliophile Jacob, etc., etc. 54 vol. in-8, dem.-rel. mar. bl.

220 — Saint-Simon. Mémoires complets et authentiques, publ. par Chéruel. *Paris, Hachette*, 1864. 13 vol. in-18, dem.-rel. v. fau.

221 — Ségur (le comte de). Histoire universelle. *Paris,
Furne*, 1836. 12 vol. in-8, dem.-rel. v. *Fig.*

222 — Terentii Afri comœdiæ sex, ad optim. edit. recen-
sitæ. *Basileœ, Decker*, 1797. In-4, dem.-rel., n. rog.

223 — Thiers. Histoire de la Révolution française. *Paris,
Furne*, 1845. 8 vol. in-8, br. *Fig.*

224 — Thiers. Histoire du Consulat et de l'Empire. *Paris,
Paulin*, 1855. 20 vol. in-8, br.

225 — Virgilii Maronis Georgica hexaglotta. *Londini, e
typ. G. Nicol*, 1827. Gr. in-4, papier vélin, rel. pleine
en mar. vert, fil., dent., tr. dor. *Bel exemplaire.*

Trad. en espagnol, italien, allemand, anglais et français.

226 — Virgilii Maronis opera. *Argentorati, Dannbach*,
1789, in-4, dem.-rel., n. rog.

Au commencement de la vacation il sera vendu PLUSIEURS
LOTS DE LIVRES NON CATALOGUÉS.

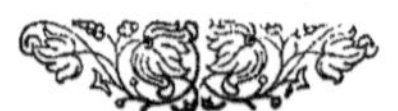